LA ENCANTADA

María Gómez

Un gran antropólogo de la universidad decide romper con todo y demostrar su teoría de la evolución del hombre.

Sus pasos le llevarán hasta una isla del Pacífico donde encontrará algunos problemas junto al grupo de colaboradores entre los que se encuentra su mujer.

Todos los estudios sobre la isla indicaban que estaba deshabitada, pero, para su sorpresa, descubren que ellos no son los únicos seres humanos sobre esas tierras.

Quedan muchas cosas por descubrir en la isla encantada.

La Spiga languages

EL CONGRESO

En el aula mayor de la universidad de antropología[1] se desarrollaba una discusión.

"Ésta es mi teoría y llegaré con ella hasta el final". Un hombre corpulento, de ojos claros y tez morena, exponía su tesis frente a un auditorio[2] que parecía estar poniéndoselo difícil.

Era una de las sesiones del Congreso Anual de Antropología, que se desarrollaba todos los años en la universidad.

Allí se congregaban todos los "cerebros" de la antropología. Exponían nuevas teorías, nuevos descubrimientos, y discutían sobre ellos.

Siempre lo convocaban en agosto, un mes en el que realmente la ciudad y la universidad se quedaban vacías por las vacaciones.

Les gustaba hacerlo así porque no tenían curiosos[3] alrededor, ni nadie que les molestase en sus investigaciones. El resto del mundo estaba entretenido en ponerse moreno al sol de cualquier playa llena de turistas colorados y enormes bloques de apartamentos que prometían vistas al mar.

El grupo de antropólogos que preferían perderse eso ante la serie de discusiones acerca de la evolución del ser humano no eran demasiado comprendidos por nadie.

Pero ahí estaban. Todos los años sin faltar uno.

Entre ellos se encontraba uno de los más prestigiosos científicos de los últimos años, Carlos Martínez.

---

1. **Antropología:** Ciencia que estudia al ser humano y su comportamiento en sociedad.
2. **Auditorio:** Público, grupo de personas que escucha una conferencia.
3. **Curioso:** Interesado por algo que sucede a su alrededor.

Llevaba muchos años realizando una brillante carrera que le había permitido conseguir un puesto importante en la universidad.

Compaginaba[4] sus clases como profesor de antropología con los estudios de épocas ancestrales que le interesaban tanto.

Siempre le había gustado conocer épocas remotas. Ya cuando tenía once años pidió a sus padres un libro de historia antigua, que leyó con voracidad en una tarde.

Le interesaba tanto el tema que incluso hicieron una esfuerzo económico enorme para el escaso sueldo de un panadero y le compraron una enciclopedia de antropología.

Su madre, una maestra retirada, le ayudó a comprender todo lo que allí se decía: las diferentes teorías evolutivas y sus consecuencias. Todo le parecía fascinante.

Así que cuando llegó el momento de ponerse a trabajar o dedicarse a estudiar, los padres de Carlos tenían muy claro lo que su hijo necesitaba.

Con la ayuda de una beca, le enviaron a la universidad, donde Carlos iniciaría una vida dedicada por completo al estudio.

Incluso en ese mundo conoció a su mujer actual, Ana, estudiosa de antropología en la misma universidad.

Toda la vida de Carlos había girado en torno a la evolución del hombre. Había estudiado las diferentes teorías evolutivas y se había emocionado como nadie con los últimos descubrimientos realizados en Etiopía. Allí, un grupo de espeleólogos experimentados había encontrado restos de un ser humano que constituían

4. **Compaginar:** Alternar.

una pieza fundamental para la explicación de la evolución del *homo sapiens*.

Sin embargo, en los últimos años Carlos había desarrollado una teoría personal.

Estaba convencido de que el *homo antecesor*, predecesor del *homo neandertal* no sólo se encontraba en la zona europea, sino que también hubo habitantes de la tierra en lo que actualmente se conocía como zona americana. Sólo había que ir allí y descubrirlos.

En el curso de sus investigaciones, había llegado a sus manos un antiguo escrito indio de la costa oeste del continente americano, que hablaba de una pequeña isla del Pacífico. Según la leyenda[5], en la isla hubo en tiempos remotos una tribu que veneraba a un dios llamado "katu". Su descripción recordaba a una especie de hombre-animal de cabeza pequeña y frente saliente.

Para Carlos, ese dios venerado[6] por los isleños podía corresponder a los restos de un ser humano anterior al neandertal.

"Pero su teoría no tiene ninguna base real", le rebatían[7] sus colegas.

"Yo creo que sí. El escrito indio me reafirma en que existió un ser humano con las mismas características físicas del hombre descubierto recientemente en Europa.

"Sin embargo, nunca nadie ha encontrado pruebas reales de la existencia de ese hombre", le respondió otro colega de una universidad cercana que siempre había sido competidora de ésta en todos los sentidos, incluso

5. **Leyenda:** Historia, cuento antiguo que pretende ser verídico.
6. **Venerar:** Adorar.
7. **Rebatir:** Discutir.

en las competiciones deportivas que se desarrollaban entre ellas. Las dos universidades eran punteras[8] en investigación, y esa competitividad se transmitía a sus científicos.

"¿Te parece poca prueba el hecho de que casi con total seguridad me atrevería a afirmar que es un *homo antecesor* enterrado en algún lugar de la isla?" En los ojos de Carlos relucían chispas de interés.

"Sí, pero todo son teorías, nada más".

La seguridad de Carlos no logró convencer a su contrincante[9] más duro: sus colegas.

En ese mismo momento tomó una decisión que marcaría su vida.

"De acuerdo", cogió el micrófono con fuerza, "yo mismo conseguiré las pruebas".

Hubo miradas de sorpresa entre los asistentes.

"Sí, efectivamente. Iré a la isla y descubriré al hombre. Os daré la prueba irrefutable[10] que demuestre que nuestros primeros antecesores habitaron también el continente americano."

"De acuerdo, seguiremos tus pasos desde aquí y si realmente lo consigues tendrás nuestras disculpas y nuestro reconocimiento", le respondió con decisión uno de sus colegas opositores. Su alegría podía ser debida al interés científico por encontrar una nueva teoría en sus estudios o al hecho de quitarse de en medio[11] a uno de sus competidores en la elite de la investigación, que según él iba a embarcarse en una aventura fantástica que no podía acabar bien.

8. **Ser puntero en algo:** Destacar, ser bueno.
9. **Contrincante:** Opositor.
10. **Irrefutable:** Algo que no se puede rechazar ni rebatir.
11. **Quitarse de en medio:** Apartar a alguien que molesta.

EN CASA

Al llegar a casa esa noche, Ana le preguntó enfadada: "¿Y se puede saber cuándo has tomado esa decisión?"

"¿Eh?" Carlos estaba distraído preparando una cena rápida.

"Que cuándo has decidido irte al fin del mundo", la voz de Ana sonó seca.

"Ya has visto cómo se han puesto todos contra mí. Creo que no me ha quedado más remedio que plantear esa solución".

"Pero cariño, ¿tú sabes lo que significa eso?", Ana se calmó en seguida, al ver que su marido necesitaba defender su teoría por encima de todo.

"Significa que pasaré una temporada fuera de casa, nada más".

Ana era mucho más práctica que él, y a pesar de compartir su interés por la antropología, en su vida había cosas más importantes.

"En eso te equivocas. Primero, porque nuestros planes de tener un hijo, crear una familia y esas cosas se van de momento al traste[1], y segundo, porque no voy a permitir que me dejes aquí sola. Yo me voy contigo".

"Pero, ¿estás loca?", Carlos la miró con asombro. "Tú no puedes venir. Es demasiado peligroso".

"¿Quieres decir para una mujer?", contestó ofendida por el machismo de su marido.

"Quiero decir que no quiero que estés en peligro. Tú te quedarás aquí mientras yo voy a la isla con un grupo de ayudantes".

"De eso nada. No estoy dispuesta a quedarme. He

1. **Irse al traste:** Perderse.

dicho que me iré contigo y me iré contigo. Se acabó la discusión".

Carlos sabía que cuando a Ana se le metía algo en la cabeza no había nada que hacer. Estaba claro que si ella quería irse con él, se iría.

"Está bien. Iremos los dos", contestó resignado, "pero que conste que no me hace ninguna gracia…"

"Entonces de acuerdo", le interrumpió Ana con decisión.

EL GRUPO

En pocos días Carlos organizó un grupo de ayudantes para su investigación.

Dos de los becarios[1] contratados por la universidad para hacer prácticas de antropología estaban dispuestos a acompañarles en su viaje.

Se trataba de dos jóvenes con ciertos conocimientos sobre el tema cuyo espíritu aventurero les había impulsado a ofrecerse como ayudantes.

Uno de ellos, David, era además un experto montañero que sabía cómo defenderse en cualquier situación de emergencia. El otro, Raúl, había participado durante meses en una de las excavaciones más importantes de los últimos tiempos. Había sido uno de los descubridores en Etiopía de restos del *Australopitecus afarensis*, un homínido[2] que habitó la tierra hace unos cuatro millones de años.

Conocía por tanto el sistema para conseguir rescatar restos humanos o animales entre las ruinas de cualquier

---

1. **Becario:** Estudiante que recibe una pequeña paga por su trabajo.
2. **Homínido:** Perteneciente a la serie de primates superiores.

poblado abandonado. Ésto lo convertía en una de las piezas clave para la investigación.

Una vez organizado el grupo, sólo les faltaba una pieza en el puzzle, el dinero.

La universidad no disponía de medios suficientes para aportar el dinero necesario para el largo viaje y el desarrollo de las investigaciones una vez allí. Necesitaban material específico, mapas, sensores[3], equipos de escalada, palas y accesorios para extracción, medición de tierras y un montón de cosas más. Como siempre había defendido Carlos, un mal equipamiento podía provocar el fracaso[4] de una gran excavación.

Así que después de mucho pensar, decidió pedir ayuda a la Sociedad General de Estudios de Antropología y Arqueología, una sociedad privada que sostenían con sus aportaciones varios estudiosos del tema de todo el mundo. Ellos tenían la capacidad suficiente para subvencionar[5] la investigación. Sólo tendría que convencerles de que podría tener éxito.

Así que, ayudado por Ana, les escribió una carta explicando brevemente su teoría y solicitando una ayuda económica para desarrollarla.

Los días pasaban y no recibía respuesta.

"Ésto es un auténtico desastre", comentó con Ana durante la cena.

"No desesperes. Puede que la carta se haya retrasado y además, probablemente no seas el único en solicitar su ayuda. Tendrán miles de peticiones cada día".

Ana intentaba darle esperanzas, aunque sabía que la cosa pintaba muy mal[6].

---

3. **Sensor:** Aparato que detecta una temperatura, presión, etc.
4. **Fracaso:** Lo contrario al éxito.
5. **Subvencionar:** Aportar dinero sin esperar beneficio.
6. **Pintar mal una cosa:** Dar la impresión de que va mal.

"No sé. Igual sólo ha sido un sueño que no se podrá cumplir", comentó Carlos con desilusión.

Sin embargo, unas semanas más tarde, cuando Carlos estaba pensando incluso en la posibilidad de pedir ayuda a la universidad contraria, recibió una llamada de teléfono.

"¿Sí?", respondió sin interés pensando que sería alguna de las amigas de su mujer que les invitaban a cenar fuera esa noche.

"¿Es el señor Martínez?", dijo una voz masculina al otro lado de la línea.

"Sí, soy yo". Su corazón empezó a palpitar con fuerza. Tenía un presentimiento[7].

"Le llamamos de la Sociedad General de Estudios de Antropología y Arqueología. Hemos recibido su solicitud y …"

"¿Y?", casi no podía creerlo.

"Y queremos tener una entrevista personal con usted. El tema nos parece muy interesante y queremos que nos lo explique detenidamente".

"Sí, claro, por supuesto".

Cuando colgó el teléfono, se dió cuenta de que casi no había podido ni darles una explicación convincente[8].

Pensó para sí, "les habré parecido un idiota".

Le habían citado para la semana siguiente, así que tendría que preparar una buena argumentación y las respuestas a todas las posibles preguntas que pudieran hacerle. De repente, una semana le pareció poquísimo tiempo.

7. **Presentimiento:** Sensación de que algo va a suceder.
8. **Convincente:** Que convence.

LA ENTREVISTA

Cuando llegó el gran día, Carlos estaba realmente nervioso. Sabía que de la entrevista dependía su futuro. Si todo iba bien, podría llevar a cabo su investigación en la isla. Allí descubriría al mundo un eslabón[1] perdido en la cadena de la evolución humana. Aquel que se quedó en una zona del mundo donde nadie había pensado nunca en buscarlo.

En cambio, si no conseguía convencer a los miembros de la Sociedad de la importancia de su investigación, no podría realizar el viaje y sería para siempre motivo de bromas por parte de sus colegas.

A las cinco en punto estaba allí. Se había puesto su mejor traje. Según Ana un buen aspecto era el primer paso.

Al entrar en la habitación principal, hasta donde le acompañó un servicial[2] mayordomo desde la puerta de una inmensa y señorial mansión, se encontró a cinco hombres serios, de edad avanzada, sentados detrás de una larga mesa.

Le recordó a los tribunales de exámenes de sus tiempos de estudiante. Incluso la sensación de no ir bien preparado para aprobar[3] era la misma.

Rompió el silencio el que estaba en el medio. Un hombre de barba blanca y aspecto agradable, que se dirigió a Carlos.

"¿Así que pretende descubrir al *homo antecesor*?"

Era la pregunta que él esperaba. La que tenía mejor preparada. Así que empezó a hablar.

Les habló de sus años de investigación en la universidad, de la teoría que había surgido de la nada al

---

1. **Eslabón:** Cada parte de una cadena.
2. **Servicial:** Atento, dispuesto a servir.
3. **Aprobar:** Conseguir una buena nota en un examen.

ocurrírsele que no sólo en el continente europeo tenía que haber existido ese ser humano, que pudo llegar hasta otro continente. Les contó cómo llegó a hacerse con el manuscrito indio que contaba la leyenda de "katu", una especie de dios existente en una isla del Pacífico. Con sus mejores argumentos, les hizo un esbozo[4] del viaje que pretendía realizar y de cómo había reunido ya un grupo de colaboradores que le acompañarían.

Cuando acabó, se sentía cansadísimo. Había puesto tanto ímpetu[5] en su alocución, tanto esfuerzo, que había supuesto para él una auténtica carrera maratoniana[6].

Para su sorpresa, no le hicieron grandes preguntas ni especialmente complicadas. Sólo el hombre que había hablado al principio, que parecía ser quien más mandaba allí, le dijo:

"Estamos de acuerdo. Apoyaremos su viaje y le facilitaremos el material que necesite. La única condición que le pondremos es que tendrá que llevar en su grupo a mi sobrino Francisco. Él será nuestro punto de unión, nuestro nexo. Es un chico muy dispuesto a ayudar y no les dará problemas".

A Carlos no le hacía ninguna gracia meter en su grupo a alguien desconocido, que probablemente ni siquiera tendría conocimientos básicos de antropología, pero decidió tomarlo como una tasa, un pequeño tributo que no le quedaba más remedio que pagar si quería obtener el apoyo de la Sociedad.

4. **Esbozo:** Resumen de los rasgos más generales de algo.
5. **Ímpetu:** Fuerza.
6. **Carrera maratoniana:** Prueba deportiva que consiste en recorrer una larga distancia corriendo.

EL INICIO DEL VIAJE

Unos meses más tarde, cuando ya Carlos y Ana habían solicitado la excedencia[1] que les permitiría ausentarse de la universidad durante un año, cuando el grupo estaba de acuerdo en el desarrollo de la expedición y habían concertado un presupuesto con la Sociedad para los gastos iniciales, llegó el momento de iniciar el viaje.

Iba a ser largo. Primero tendrían que tomar un avión hasta la zona continental más cercana al archipiélago[2] donde estaba la isla. Un largo trayecto de veinte horas con diferentes escalas[3] en dos puntos clave del recorrido. Ésto les retrasaría en su viaje, pero a la vez les permitiría adquirir productos de la zona como comida desecada y altamente proteínica, ideal para largas excursiones en zonas desconocidas o con pocos recursos.

Ya cerca de la costa, una avioneta privada que ya se había ocupado David de alquilar, les llevaría hasta la isla.

Realmente no sabían mucho sobre la isla.

No habían encontrado información sobre ella en ningún sitio. Parecía que nadie la había visitado a lo largo de los últimos años. Sólo en una enciclopedia antigua que Ana localizó en la biblioteca pública se nombraba el archipiélago. Aún así, la información era escasa. Se hablaba de un clima húmedo y cambiante, con una estación de lluvias que podía durar hasta cuatro meses y de una fauna básicamente vegetariana y adaptada al medio. En ningún momento hablaba de

1. **Excedencia:** Licencia para ausentarse de un puesto de trabajo.
2. **Archipiélago:** Conjunto de islas.
3. **Escalas:** Paradas en un viaje.

pobladores humanos allí. Al contrario, se afirmaba que eran islas deshabitadas y absolutamente desconocidas para el hombre.

Su plan era localizar una zona más o menos llana y cercana a la costa y organizar un campamento base. Desde allí, intentarían buscar el lugar idóneo[4] para las excavaciones, probablemente tierra adentro.

El día que iniciaron el viaje los nervios estaban algo alterados. Debían cargar con tres cajas de madera donde portaban[5] todo el material, además del equipaje personal de cada uno de ellos.

"¿Te das cuenta de que este viaje puede cambiar nuestras vidas?" Preguntó Ana a su marido, Carlos.

"Sí, claro que me doy cuenta. Es un paso crucial[6] en nuestras investigaciones".

"Bueno, yo me refería a algo más personal. A nuestra vida". Ana no estaba pensando en el aspecto profesional, obviamente[7].

"No te preocupes por eso, Ana. Estoy convencido de que nuestras investigaciones tendrán éxito y retornaremos en poco tiempo a nuestras aburridas[8] vidas de facultad".

"Sí, estoy segura". Sin embargo, su voz no reflejaba el convencimiento de lo que sus palabras decían. Algo le decía a Ana que este viaje significaría un cambio radical, un paso adelante para el que no habría marcha atrás.

4. **Idóneo:** Adecuado, ideal.
5. **Portar:** Llevar.
6. **Crucial:** Importante.
7. **Obvio:** Algo que está claro, que no necesita aclaración.
8. **Aburrida:** Sin interés.

EL ACCIDENTE

El viaje hasta la costa fue largo y pesado. Las largas horas sentados en el avión en clase turista se les hicieron a todos incómodas.

Por eso, el pensar en viajar en la avioneta privada, más lujosa y personal, era un auténtico alivio[1].

El contacto era un tal Marcos Costa, director de la agencia de vuelos por el archipiélago y piloto en ocasiones[2].

El grupo de expedición, junto con su gran equipaje, se dirigieron al pequeño hangar[3] donde se leía: "Avionetas Marcos, nuestro destino es el infinito".

David, que era quien había contactado con el dueño por teléfono, entró el primero.

"Dejad aquí el equipaje y esperad a que hable con él. Nos llevará a la isla mañana por la mañana, tal como quedamos".

El grupo respiró aliviado. Las maletas empezaban a pesar de verdad.

"¿Encontraremos algún alojamiento por aquí cerca?" Preguntó Francisco dirigiéndose a Carlos, que había asumido[4] muy bien su papel de jefe del grupo.

"Seguro. Pasaremos la noche en el pueblo más cercano y mañana nos llevarán a nuestro destino final".

David salió del hangar con cara de preocupación.

"¿Qué sucede?", preguntó Carlos.

"No está", comentó entre desesperado y asombrado.

"Cómo que no está. ¿Quién no está?"

"Marcos, el dueño, que además es quien debía

---

1. **Alivio:** Descanso al desaparecer una carga o mal.
2. **En ocasiones:** De vez en cuando.
3. **Hangar:** Lugar donde se guardan los aviones.
4. **Asumir:** Aceptar una responsabilidad.

llevarnos hasta la isla. Parece ser que se fue hace unos días a visitar a un amigo en otro pueblo y no saben cuándo volverá".

Todos se miraron con asombro.

"Pero, ¿cómo puede ser?" Ana no podía creerlo. "¡Si habíamos quedado con él hace días!"

David le respondió: "Aquí las cosas no funcionan igual. El tiempo para ellos no es importante".

Carlos quiso descartar una posibilidad. "¿Y no hay nadie más que nos pueda llevar?"

"El único ayudante de Marcos es un viejo con el que he hablado dentro y no creo que su vista le permita conducir una avioneta".

Carlos se encogió de hombros: "En fin. Si no nos queda más remedio, buscaremos alojamiento hasta que regrese el piloto. Será mejor que nos hagamos a la idea de que pueden surgir problemas de este tipo".

Tras cuatro días de espera interminable, Marcos Costa apareció por allí.

Era un sujeto[5] bastante extraño. Su aspecto era desaliñado[6] y sucio y el olor a whisky se percibía a metros de distancia.

Cuando David le pidió explicaciones por su retraso, se limitó a decir con sorna[7]: "No se preocupen, la isla no se moverá de allí".

Ésto sacó más de sus casillas[8] a Carlos, ya bastante enfadado por el retraso.

"Saldremos mañana a primera hora. Hoy el viento del este sopla fuerte", comentó Marcos.

---

5. **Sujeto:** Individuo, hombre.
6. **Desaliñado:** Desarreglado.
7. **Con sorna:** Con ironía, con burla.
8. **Sacar más de sus casillas a alguien:** Poner muy nervioso, muy alterado.

Carlos se volvió hacia él iracundo[9]."De eso nada. No retrasaremos nuestro viaje ni un solo día más. ¡Saldremos esta misma tarde!"

Marcos se quedó mirando a Carlos unos segundos sin contestar. Parecía que su mente estaba en blanco o que estaba intentando encontrar una respuesta.

"Bueno. Si quieren salir hoy, saldremos hoy. Les quiero dentro de una hora en mi avioneta".

"Eso me gusta más". Contestó Carlos más calmado.

Y, efectivamente, una hora más tarde estaban los cinco integrantes[10] de la expedición frente al hangar de Marcos Costa, cuyo destino era el infinito.

Consiguieron meter todo el equipaje en la pequeña avioneta con dificultad. Se trataba de una avioneta vieja y bastante sucia, con capacidad para cuatro personas.

Ana observaba preocupada la escena.

"¿Está seguro de que cabemos todos ahí dentro?"

El piloto respondió con soltura[11]: "No se preocupe, señora, aquí he llevado yo hasta diez personas con sus equipajes. Mi vieja "Mavi" nos llevará a donde haga falta".

La confianza de Marcos no pareció convencer a Ana, pero se subió resignada[12] a la avioneta.

Una vez estuvo todo cargado, Marcos se sentó en la cabina. Sus ojos chisporroteaban[13] de alegría. "Vamos señores. El viaje será un placer". Su vida era volar y eso se notaba.

Una vez en el aire, comunicó a sus pasajeros: "Nos costará alrededor de una hora y media llegar hasta la

9. **Iracundo:** Enfadado.
10. **Integrantes:** Miembros.
11. **Soltura:** Ligereza, tranquilidad.
12. **Resignada:** Conforme, a pesar de no gustarle algo.
13. **Chisporrotear:** Echar chispas, iluminarse.

isla. Sobrevolaremos el arrecife y luego descenderemos hasta allí. El espectáculo es inolvidable".

Su emoción se transmitió a los pasajeros.

"Sí", comentó Raúl, el otro becario que se había ofrecido para colaborar en la expedición, "así podremos observar la isla desde arriba. Ésto nos ayudará a localizar la zona idónea para nuestras excavaciones".

"¡Síííí!" El grito de Marcos vino acompañado por un looping[14] impresionante. Volcó la avioneta poniendo a todos cabeza abajo.

"¡Dios mío!"

"¡Ay!"

"¡Nooo!"

A pesar de los cinturones de seguridad[15], hubo cabezazos contra el techo de la avioneta, una de las maletas se soltó y cayó sobre Ana.

Carlos, que iba sentado en el puesto del copiloto, cogió a Marcos por la camisa: "¡No vuelvas a hacer eso! ¿Me has oído?"

"Vale, vale. No se ponga así. Sólo ha sido una broma".

"Pues no quiero más bromas. ¡Limítese a llevarnos hasta la isla con seguridad y nada más!"

Marcos pareció comprender que los demás no participaban de su emoción al volar. Enderezó[16] la avioneta y siguió su recorrido en silencio.

Carlos se volvió hacia el resto del grupo.

"Espero que ahora todo vaya bien".

Todos mostraban caras de susto, especialmente Francisco, el joven sobrino del miembro de la Sociedad

14. **Looping:** Pirueta que dibuja un círculo en el aire.
15. **Cinturón de seguridad:** Cinta que sujeta al pasajero de un vehículo en caso de accidente.
16. **Enderezar:** Poner recta.

que entrevistó a Carlos, y que no parecía muy acostumbrado a emociones fuertes.

Su aspecto era frágil. No era muy alto y su piel era clara y algo pecosa[17]. Desde luego, no era alguien acostumbrado al aire libre. Su pelo rubio ondeaba en mechones[18] finos y lisos.

"¿Qué te sucede, Francisco?", le preguntó Carlos al ver su rostro blanco y desencajado.

"Cre, cre, creo que me he, me, me, meado. No estoy acostumbrado a volar."

Su aspecto resultaba tan cómico que los demás no pudieron evitar soltar una carcajada.

Marcos por supuesto se unió a ellos en las risas.

Ésto deshizo un poco la tensión que había surgido y pareció que el vuelo seguía un poco más relajado.

Un rato después, Marcos despertó a los pasajeros que se habían quedado dormidos.

"¡Miren, miren! Ya estamos sobre el archipiélago. ¡Es precioso!"

Todos se asomaron a las pequeñas ventanitas laterales.

"Es cierto. ¡Es precioso!" Repitió Ana, fascinada por el azul transparente del agua, manchada por corales verdes cerca de la costa. El aspecto de las islas era salvaje. No se distinguía ni un trocito de tierra sin vegetación.

"¡Qué verde es ésto!", comentó David.

"Aquí llueve mucho y nada impide que la vegetación crezca y se extienda a sus anchas[19]". Marcos pareció reflexionar. "Por cierto. No deberían quedarse cuando empiecen las lluvias. Es realmente peligroso".

Carlos tomó la palabra. "Venimos preparados. No se preocupe por nosotros. Dentro de una larga temporada

17. **Pecosa:** Con manchas en la piel.
18. **Mechón:** Grupo de pelos.
19. **A sus anchas:** Sin encontrar trabas, problemas.

nos pondremos en contacto con usted por radio para que vuelva a buscarnos. ¿Está de acuerdo?"

"Sí, sí, claro. Ustedes me avisan y yo vendré. Pero será mejor que sea antes de las lluvias. Es peligroso".

Carlos insistió. "No se preocupe por nosotros. Sabemos cuidarnos".

La avioneta estaba iniciando un giro de noventa grados para dirigirse hacia la isla, cuando empezó a sonar un ruido extraño. Era un clap, clap continuo que venía del motor.

A Marcos no pareció gustarle nada.

"¿Qué es ese ruido?", le preguntó Carlos preocupado.

"Bueno, la vieja "Mavi" lleva muchos años volando y a veces le falla el motor".

"¿Cómo?"

"Sí, bueno, pero no es preocupante. Suele pararse unos segundos y luego vuelve a arrancar. No es importante".

"¿Me está diciendo que no es importante que se pare el motor? ¿Está usted loco?" Carlos no podía creer lo que estaba oyendo.

"Bueno, nunca ha pasado nada y ..."

En ese momento se oyó un "clap" más fuerte que los anteriores y luego nada. Silencio.

El grupo se mantenía a la escucha.

Sabían que en ese momento estaban volando sin motor. Sus corazones latían con fuerza.

Marcos fue el único en hablar.

"Vamos, mi viejo cacharro[20]. Vamos, arranca ya". Movía los mandos del motor una y otra vez, pero no respondía.

Ana gritó: "¡Nos vamos a estrellar!"

---

20. **Cacharro:** Aparato viejo.

La avioneta empezó a descender en picado[21], sin control. Iban de cabeza al mar.

Se oyó a Marcos gritar: "¡Intentaré acercarme a tierra! ¡Hay que realizar un aterrizaje de emergencia!"

Francisco, que hasta entonces no había abierto la boca, gritó: "Dios mío, ¡nos matamos!"

En unos segundos, Marcos consiguió volver la avioneta hacia la isla más cercana. No podían hacer otra cosa que acercarse a la playa, pues en el interior no se veía ningún claro.

La velocidad era impresionante.

"¡Abrochaos bien los cinturones!" Se oyó a Carlos gritar antes del golpe.

"No lo entiendo. Mi vieja avioneta no …" Es lo último que se oyó dentro de la cabina.

MALAS NOTICIAS

"¡Carlos, Carlos! ¡Despierta!", Ana lo zarandeaba[1] por los hombros.

"¿Qué ha pasado? ¿Dónde están los demás?"

Carlos estaba aturdido[2]. Estaba tumbado en el suelo, entre los hierros de la avioneta.

Estamos todos bien. Al ir al frente de la avioneta tú has llevado la peor parte".

"¿Y Marcos?"

"No sé. Ha desaparecido. No lo encontramos por ningún lado. Se ha esfumado", le respondió David asomándose por encima del hombro de Ana.

---

21. **En picado:** De frente y sin freno.

1. **Zarandear:** Mover insistentemente, agitar.
2. **Aturdido:** Confundido, descentrado.

"Quizás saltó antes del golpe y cayó al mar", la cabeza de Francisco asomó por encima de los otros dos.

"No es posible. Hasta donde yo recuerdo él conducía la avioneta", Carlos se incorporó. "Debemos buscarlo".

"Tiene que estar por aquí cerca", dijo Ana mirando alrededor.

La avioneta había quedado hecha un auténtico desastre. Habían chocado de morros y toda la cabina estaba destrozada.

Carlos comentó, mirándola: "No podremos volver a utilizarla. Creo que ahora no hay vuelta atrás".

Buscaron a Marcos por todas partes. Recorrieron la playa de arriba abajo, miraron al mar buscando alguna mancha oscura, se acercaron a los árboles más cercanos y buscaron también por allí. El resultado fue nulo. No había rastro de Marcos.

"Es increíble. Parece haberse esfumado".

David tomó las riendas de la situación. "Creo que deberíamos habilitar un sitio para dormir, por lo menos esta noche. Mañana intentaremos pensar la manera de llegar hasta la otra isla".

Prepararon entre todos una pequeña acampada[3] con las tiendas de campaña que llevaban en el equipaje. Aseguraron bien los extremos de las cuerdas que las sujetaban, pues según David podía haber tormenta esa noche.

Buscaron algunas frutas por las cercanías y sacaron sus primeras latas de comida preparada.

Una pequeña hoguera[4] les ayudó a calentarla y acabaron la jornada alrededor del fuego.

---

3. **Acampada:** Lugar para descansar en el campo.
4. **Hoguera:** Fuego hecho con troncos y ramas secas.

LA ISLA

Gracias a los conocimientos de supervivencia[1] de David, organizaron perfectamente un campamento completo.

Ana y Francisco quedaron encargados de recolectar fruta y maderas para hacer una barca lo suficientemente grande para llevarlos a todos.

Carlos decidió recuperar la radio de la avioneta.

Era el único contacto con el resto del mundo que podían conseguir. Intentaría sacarla de allí y arreglarla antes de salir de la isla.

Raúl se ocupó de dar una vuelta por la pequeña isla en busca de restos que pudieran resultar interesantes para su investigación. A pesar de que su objetivo estaba en la otra isla, según les indicaba la leyenda india, en esta otra, también cercana, quizás encontrarían pistas o indicios de un mundo remoto.

"Creo que va a ser más difícil de lo que pensaba". Carlos se acercaba a la tienda más grande del campamento con un amasijo[2] de hierros y cables en sus manos.

"Ésto es lo que ha quedado de la radio. No quiero resultar pesimista, pero es muy posible que no consiga arreglarla".

Francisco estaba preparando la comida. Parecía que eso se le daba mejor que dedicarse a tareas que requiriesen esfuerzo físico.

En ese momento regresaba Raúl.

"Es increíble. La vegetación en esta isla es brutal. Cubre absolutamente toda la superficie terrestre, excepto en la zona de playa".

1. **Supervivencia:** Método para sobrevivir en condiciones adversas.
2. **Amasijo:** Lío, mezcla desordenada.

"¿Crees que será complicado iniciar nuestras excavaciones?", le preguntó Ana.

"Creo que será más difícil de lo que esperábamos".

En tres días la pequeña embarcación estaba preparada. Desmontaron el campamento y salieron en dirección a la isla.

El trayecto fue bastante tranquilo. No se trataba de una distancia muy grande y el mar estaba en calma. El tiempo era excelente. El sol calentaba lo justo para no sentir frío, pero no era agobiante[3].

A medida que se acercaban a la isla, vieron que también allí la vegetación cubría toda la isla.

"Vamos a tener que trabajar duro", comentó Carlos al resto del grupo.

"Bueno, tenemos todo el tiempo del mundo, ¿no?", respondió David, al que emocionaba la idea de pasarse una larga temporada aislado del mundo.

Francisco carraspeó: "Ejem. Tengo que decir que la Sociedad ha puesto un límite a nuestro viaje. Ellos apoyarán al grupo durante un máximo de seis meses".

"¿Estás seguro de eso?", Carlos se dirigió a él con agresividad[4].

"Sí… sí. Mi tío dejó muy claro que cuando cumpliéramos seis meses nos exigiría alguna prueba de avances en nuestra investigación. Si no se la damos, retirarán todo su apoyo al proyecto".

LA PRIMERA JORNADA

En poco tiempo, volvieron a montar el campamento en la nueva isla. Eligieron un lugar

3. **Agobiante:** Algo que causa angustia, que molesta.
4. **Agresividad:** Violencia.

cercano al mar, de donde destilarían[1] agua suficiente para todos ellos.

Poco a poco, cada uno fue asumiendo su papel en el grupo, iniciando una rutina[2] casi imposible.

Carlos y Ana dedicaban horas enteras a estudiar el escrito indio que les había llevado hasta allí, en busca de algún indicio que les indicase en qué lugar de la isla debían iniciar sus investigaciones.

"Ahora que estamos aquí es difícil decidir por dónde empezar", comentaba Carlos a su mujer.

"Y más aún si pensamos en que sólo tenemos seis meses para encontrar algo definitivo", le respondió.

"Aquí hablan de una tribu que adora a ese "katu", nuestro hombre". Sacó de un bolsillo interior una especie de trozo viejo de piel donde había unos símbolos extraños.

Por medio de dibujos, los indios habían reflejado allí una leyenda que había pasado de boca en boca durante generaciones[3].

"En el dibujo se ven perfectamente dos rocas enormes entre las que se cuela el sol. El espectáculo es precioso".

"¿Crees que podríamos encontrar esas rocas? Quizás dirigiéndonos hacia el centro de la isla…"

Carlos estaba pensativo. "No sé si encontraremos las rocas. Pensándolo bien, pueden ser sólo un símbolo, no tienen por qué ser reales."

"Tenemos también una cascada inmensa. ¿La ves? Hay una caída de agua por encima de sus cabezas".

"Sí, eso se ve claramente".

"Debemos dirigirnos hacia la zona más rocosa de la isla. Allí buscaremos una cascada semejante a ésta".

1. **Destilar:** Filtrar, depurar.
2. **Rutina:** Cotidianeidad.
3. **Generaciones:** Descendientes de una estirpe.

"Pero Ana, puede haber miles de cascadas en la isla. Es casi imposible encontrarla".

"Bueno, pues entonces habrá que empezar cuanto antes".

El entusiasmo de Ana siempre sorprendía a Carlos. Él siempre había sido más metódico[4] y ella siempre iniciaba la acción. Ella era quien tomaba las decisiones.

"Está bien. Mañana a primera hora saldremos los cuatro hacia el centro de la isla".

Francisco se sintió fuera del grupo. "¿Y yo?", dijo con voz tímida[5].

"Tú te quedarás aquí, en el campamento base a prepararnos la cena. Volveremos cuando caiga el sol".

Francisco no se atrevió a discutir las órdenes de Carlos. Él era el jefe del grupo, a pesar de que su tío se había empeñado en enviarlo con ellos como si fuese a organizarlo todo. Francisco sabía perfectamente que no estaba preparado para ese tipo de aventuras. Odiaba[6] aquello. Sólo estaba allí por deseo de su tío, al que siempre había obedecido en todo. Pero eso era demasiado. Lo habían convertido en el cocinero del grupo.

Al día siguiente, en cuanto salió el sol, David se encargó de despertarlos a todos. Con los cuerpos algo entumecidos[7] por dormir sobre el suelo, salieron en dirección al centro de la isla. Se llevaron sólo parte del equipamiento. Lo necesario para orientarse y señalizar la zona que considerasen ideal para las primeras excavaciones.

4. **Metódico:** Que actúa siguiendo un método determinado.
5. **Tímido:** Que no se atreve, vergonzoso.
6. **Odiar:** Aborrecer.
7. **Entumecidos:** Doloridos por la falta de movimiento o la postura incorrecta.

Tras unas horas de recorrido a través de juncos y cañas, pasando por charcos donde el agua les llegaba hasta la cintura, haciéndose camino entre los arbustos que les impedían el paso, llegaron a una zona un poco menos salvaje.

"Hemos pasado lo peor. Ésto parece el cauce de un río[8]. Probablemente durante la época de las lluvias ésto se convierta en un río enorme que llega hasta el mar", les explicó David, experto montañero.

"¿Por eso hay menos vegetación?", le preguntó Ana.

"Efectivamente. La fuerza del agua lo arrastra todo, dejando huella de su paso".

"Entonces seguiremos río arriba. Si tus indicaciones son ciertas, más arriba alcanzaremos la mayor altitud[9] de la isla".

"Sí, probablemente esa será la zona ideal para nuestras investigaciones".

Siguieron adelante, ya más relajados.

Poco a poco el paisaje fue cambiando. Las rocas abruptas[10] fueron sustituyendo a los arbustos bajos y los árboles eran cada vez más altos.

Carlos detuvo al grupo con una señal.

"Empezaremos por aquí. Vamos a señalar esta zona con balizas[11] y la convertiremos en nuestro punto de partida".

Les costó un par de horas realizar mediciones del terreno para colocar estratégicamente las señales.

Raúl se encargó de dirigir las operaciones. Él tenía

8. **Cauce de un río:** Hueco que deja el agua del río por donde pasa.
9. **Altitud:** Altura de un punto de la tierra con relación al nivel del mar.
10. **Abruptas:** Bruscas, cortantes.
11. **Balizas:** Marcas usadas para señalizar una zona o punto importante.

una gran experiencia en diferentes excavaciones realizadas en diversas partes del mundo y sabía perfectamente cómo iniciar una.

Tras el duro trabajo, debían volver al campamento. Estaban ya cansados, pero el sol estaba empezando a declinar[12] y era hora de regresar.

"Mañana volveremos con todo el material. Creo que lo mejor será acampar cerca de aquí".

David le replicó: "Intentaremos colocar una cabaña en un alto, para evitar que cuando lleguen las lluvias se nos lleven por delante. Tenemos que estar preparados para todo".

Carlos confirmó: "Sí, las lluvias vendrán pronto y no nos pueden pillar desprevenidos. Lo mejor será buscar una zona segura".

PROBLEMAS

El regreso al campamento se les hizo un poco duro. Estaban cansados, y a pesar de conocer el camino, se les hizo interminable.

Cuando estaban a unos metros de la playa, les sorprendió no ver la hoguera ya encendida.

David, que desde el principio no se había llevado muy bien con Francisco, comentó: "Este Francisco es un desastre. Estoy seguro de que se ha quedado dormido y ni siquiera nos ha preparado algo caliente".

"Sí, creo que sólo va a causarnos problemas, pero no tuve más remedio[1] que aceptarlo en el grupo", le respondió Carlos.

---

12. **Declinar:** Caer, bajar.

1. **No tener más remedio:** Verse obligado a hacer algo aún en contra de su voluntad.

"No sé. Igual le ha sucedido algo. No debimos dejarlo aquí solo", comentó Ana preocupada.

Se acercaron a la tienda. No había rastro de Francisco.

"¡Qué raro! Aquí no está".

Lo llamaron a gritos por todas partes, pero no respondió.

Miraron por todo el campamento y nada, ni rastro de él.

"Ésto es muy raro. No puede haber desaparecido sin más", dijo David mientras miraba con desconfianza hacia el mar. "Lo mejor será echar un vistazo por aquí cerca. Puede que se haya caído cuando iba a recoger fruta o algo así". Carlos quería demostrar confianza, pero en el fondo estaba muy preocupado.

La búsqueda resultó infructuosa[2]. Era ya de noche y todos estaban hambrientos, así que decidieron abandonar la búsqueda hasta el día siguiente.

A la hora de acostarse, ya dentro de los sacos de dormir, Ana comentó en voz alta: "Carlos, ¿te das cuenta de que es el segundo desaparecido? No sé lo que está sucediendo, pero no me gusta nada".

Carlos intentó calmarla. "No lo des por perdido. Estoy seguro de que mañana encontraremos a Francisco. No puede andar lejos de aquí".

LOS PRIMEROS MESES

Buscaron y buscaron a Francisco, pero todo fue inútil. Se había esfumado, igual que Marcos.

Pasaron los días y las semanas. Las excavaciones estaban en marcha y las cosas empezaron a ser algo rutinario. Dormían poco y trabajaban mucho.

2. **Infructuosa:** Sin resultados positivos.

El terreno a examinar era amplio y difícil. Todo estaba cubierto de arbustos, así que sólo despejarlo[1] para empezar a cavar les costaba unos cuantos días.

Un día al atardecer, Ana empezó a sentirse mal.

Carlos la vió con mala cara y le preguntó: "¿Te encuentras bien?"

"Sí. Creo que estoy algo cansada".

"Será mejor que lo dejes por hoy".

Esa noche le subió la fiebre[2]. Sentía frío y mucha sed. Carlos la arropó con mantas y la dejó dormir durante horas. Sin embargo, con los días empeoró.

A pesar de los cuidados de su marido, las fiebres eran cada vez más altas y bruscas. Se pasaba las noches temblando y dormía durante el día. Poco a poco la fiebre parecía ir minando[3] su salud.

Los trabajos se retrasaron, pues la falta de Ana suponía dos manos menos para trabajar.

LAS LLUVIAS

Sabían que tenían que llegar, y allí estaban. Un día el sol se ocultó entre las nubes y empezó a llover. No fue una lluvia fría y suave, sino el chapuzón[1] propio de una tormenta de verano.

El agua les caló[2] hasta los huesos y tuvieron que refugiarse en la cabaña de madera que habían construido en una zona más elevada.

1. **Despejar:** Limpiar, quitar obstáculos.
2. **Fiebre:** Alta temperatura corporal normalmente producida por una infección o enfermedad.
3. **Minar:** Deteriorar.

1. **Chapuzón:** Caída de agua abundante.
2. **Calar:** Mojar.

Tal como habían planeado, cubrieron el techo con telas de las tiendas de campaña, que habían descosido y preparado en tiras largas. Así, consiguieron aislar la cabaña de la lluvia casi completamente.

Esa noche, Carlos comentó preocupado a David: "¿Crees que aguantará?"

"Por supuesto. He preparado canalillos[3] para que caiga el agua por los laterales. Así no se acumulará encima de nosotros".

"El problema es que pueden durar meses", comentó desconsolado.

"Tendremos que acostumbrarnos. La tierra se volverá frágil y se producirán corrimientos[4] cerca de los cauces. Hay que ser prudentes".

Ana parecía estar un poco mejor, sin embargo no se encontraba con fuerzas para trabajar. Debía reposar.

Hasta ahora sus esfuerzos no habían tenido grandes resultados. El área que estaban explorando era amplia e inescrutable. Habían conseguido retirar la vegetación y empezar a analizar muestras de la capa inferior de la tierra. Sabían que seres humanos de épocas muy remotas[5] habían habitado esa isla. Su gran triunfo fue encontrar un pequeño trozo de arcilla decorada, probablemente parte de una vasija o plato que usarían para comer. Ésto era la prueba definitiva que demostraba que la isla había estado habitada hacía unos cuantos siglos. Pero... ¿ahora? ¿No existían seres humanos en la isla? ¿Y por qué? Si en épocas pasadas existieron, ¿por qué ahora no quedaba rastro de ellos?

Les faltaban piezas en el puzzle.

3. **Canalillos:** Tuberías con forma de "u" por donde puede correr el agua para derivarla hacia otra zona.
4. **Corrimientos de tierra:** Movimientos producidos en el interior de la tierra.
5. **Remotas:** Lejanas.

EL DESCUBRIMIENTO

Las lluvias estaban causando estragos[1]. Una mañana, al amanecer, cuando se acercaron al lugar donde estaban desarrollando su trabajo, Raúl gritó: "¡Se ha derrumbado la estructura en toda la zona norte!"

"El agua baja muy rápido por allí y tenía que suceder".

"Tendremos que acercarnos por allí, desde arriba, para intentar recomponerlo todo".

"¡Es un desastre. El trabajo de semanas destrozado!"

Seguía lloviendo incansablemente. La humedad se metía hasta los huesos. Tenían que ir cubiertos de la cabeza a los pies durante todo el día y, aún así, acababan empapados.

Decidieron ascender un poco más para desde la zona más alta acercarse a la zona de exploración, ya que desde abajo era imposible acceder debido a la cantidad de agua que caía en dirección al mar.

Intentando evitar el caudal de agua que corría en descenso, llegaron a una zona algo más rocosa, justo al norte de donde habían desarrollado todos sus trabajos.

Allí, entre dos rocas enormes, caía una cascada de agua impresionante.

De repente, Carlos exclamó: "¡Aquí es!"

Sus compañeros no entendieron lo que decía. Iban cubiertos con impermeables[2] y el ruido del agua era inmenso.

"¡Aquí es! ¡Éste es el sitio que aparece en el dibujo!"

"¿Te refieres al dibujo indio?"

"¡Sí! Estábamos a pocos metros de distancia y no lo habíamos visto".

---

1. **Estragos:** Daños irreparables.
2. **Impermeables:** Ropas que no permiten pasar el agua.

"Es increíble", comentó Raúl entusiasmado, "sin agua no hubiéramos reconocido el lugar jamás".

David les indicó con el dedo. "Debajo del agua se ve una cueva. Deberíamos ir a echar un vistazo[3]".

Carlos, David y Raúl avanzaron emocionados hacia la entrada de la cueva. Por fin habían encontrado lo que buscaban. Si se regían por[4] el escrito indio, muy cerca de allí debían de estar los restos del *homo antecesor*, aquel que era adorado como un dios.

Se adentraron[5] en la cueva en fila india, siguiendo a Carlos. No llevaban linternas, así que improvisaron una pequeña antorcha para poder ver algo en la oscuridad.

Sentían una gran humedad, pues debido a las lluvias que caían incesantemente[6] el agua caía en pequeños chorros por las paredes hasta el suelo, también empapado.

"Sobre todo, no os alejéis de mí. No quiero más desaparecidos", les recomendó Carlos.

Sentía en su interior que estaba a punto de descubrir algo realmente impresionante. Podían ser restos de una civilización ya acabada, como vasos, dibujos en las paredes, o incluso, algún resto humano. No se atrevía a pensar en la posibilidad de encontrar allí mismo los restos del *homo antecesor*. Lo que había estado buscando durante tanto tiempo. Aquello que confirmaría su teoría y lo haría un héroe frente al resto del mundo. Pero… ¿se haría realidad su sueño o sólo se trataba de una ilusión? ¿Era todo aquello una aventura estúpida[7] en busca de algo inexistente?

3. **Echar un vistazo:** Mirar, observar una cosa sin mucho detenimiento.
4. **Regirse por algo:** Dejar que algo nos dirija en nuestras acciones.
5. **Adentrarse:** Entrar en algún sitio.
6. **Incesantemente:** Sin parar, sin descanso.
7. **Estúpida:** Irracional, falta de razonamiento.

En su interior se desataba una lucha entre su corazón y su lógica. Pero algo le empujaba a seguir hacia el fondo oscuro de la cueva. Algo le decía que aquel sería uno de los días más importantes de su vida.

Pensó en Ana. La pobre, se había quedado en la cabaña. Sus fuerzas no le permitían caminar largas distancias y habían decidido que se dedicaría a escribir el pequeño diario de anotaciones que había iniciado Carlos desde que salieron de viaje.

Carlos tomó una decisión: "En cuanto acaben las lluvias, la enviaré a casa. Será mejor que se reponga allí con medios adecuados. Aquí no hace más que empeorar".

Una voz de David lo sacó de sus pensamientos.

"¡Carlos, mira! ¡Allí al fondo se ven reflejos de luces! ¡Puede que haya alguien dentro de la cueva!"

La sangre se le heló dentro del cuerpo. ¿Alguien? La posibilidad de encontrar un ser humano vivo en la isla era tan remota que ni siquiera la habían considerado.

Se volvió hacia David: "¿Crees que hay habitantes en la isla?"

"No veo por qué no. Pueden haber sobrevivido igual que nosotros. La isla ofrece todos los recursos para mantenerse con vida".

Raúl les interrumpió: "Creo que lo mejor será que nos acerquemos en silencio. Apaga la antorcha". Su voz fue un susurro.

Despacio, con cuidado de no tropezar[8] con alguna piedra y hacer algún ruido que pudiera delatarles[9], con los pies sumergidos en agua hasta los tobillos, se acercaron hasta las luces.

8. **Tropezar:** Encontrarse en el camino un obstáculo que nos hace caer.
9. **Delatar:** Descubrir a alguien oculto, que se esconde.

A medida que se acercaban, empezaron a oír voces, como gritos tribales que cantaban una melodía repetitiva.

Carlos hizo señas a los otros dos para que se agachasen.

Estaban muy cerca y podían verlos.

El espectáculo que se ofrecía ante sus ojos era impresionante.

Varios hombres y mujeres medio desnudos[10] bailaban alrededor de una hoguera.

Sólo vestían pequeños trozos de pieles de animales, pero sus cuerpos estaban totalmente cubiertos con pinturas blancas y rojas desde la cara hasta los pies. Tanto las mujeres como los hombres llevaban collares de huesos y piedras alrededor del cuello y los brazos. Todo ello formaba un bello conjunto colorista en cada uno de ellos. Sus pieles oscuras, curtidas por el sol, relucían bajo la variedad multicolor de sus abalorios[11].

Raúl agarró el brazo de David: "¡Allí!" y señaló con el dedo índice la parte central de la cueva.

Una enorme roca que semejaba a una mesa servía como altar de la ceremonia. En la parte superior, yacían[12] unos restos humanos.

"¡Dios mío! ¡Están adorando al dios 'katu'!", exclamó Carlos con los ojos fuera de sus órbitas.

"¡Eso es! ¡La leyenda de los indios está ante nuestros ojos!", le replicó Raúl también emocionado.

David fue el más analítico y, sin dejarse llevar por la emoción del momento, echó un jarro de agua fría[13]

10. **Desnudos:** Sin ropas que cubran su cuerpo.
11. **Abalorios:** Adornos que se ponen en el cuerpo como collares, pulseras, etc.
12. **Yacer:** Estar tumbado, echado o tendido.
13. **Echar un jarro de agua fría:** Quitar la alegría y emoción ante una cosa descubriendo la verdad.

sobre sus compañeros: "Pero los huesos que estamos viendo no tienen miles de años. Parecen más recientes. ¿No os parece?"

Los otros dos se quedaron mirándole con asombro.

Habían creído por un momento haber encontrado su objetivo, por lo que llevaban meses allí, perdidos en una isla del Pacífico, y ahora todo podía ser una ilusión.

Carlos pareció comprender: "Quizás tengas razón. Quizás sólo sea una ceremonia[14] fúnebre ante un jefe tribal que ha podido morir hace unos días, quizás esta cueva es para ellos un recinto[15] sagrado donde abandonan a sus muertos para luego acudir cada cierto tiempo a adorarlos. No lo sé. Pero lo que sí sé es que acabamos de dar un paso de gigante en nuestras investigaciones", comentó intentando animarse a sí mismo, "ahora nadie podrá negar que aquí existe una civilización y que, desde luego, adoran a alguien o algo, no sé si se trata de "katu" o no.

Los gritos se hicieron más agudos y optaron por agacharse un poco. No querían ser descubiertos.

De repente, se hizo el silencio. Todos los allí presentes callaron y se pusieron de rodillas en el suelo.

Los tres científicos se dieron cuenta de que algo importante iba a suceder. Su atención se centraba en la piedra, el pequeño altar donde se encontraban los restos que tanto les interesaban.

Durante unos segundos, en la cueva sólo se oyó el ruido del agua al caer sobre el húmedo suelo. Casi ni las respiraciones de todos los que estaban allí dentro eran audibles[16].

14. **Ceremonia:** Conjunto de formalidades en un acto público y solemne.
15. **Recinto:** Lugar.
16. **Audible:** Que se puede oir.

David se volvió a Carlos y le hizo un gesto de interrogación. Carlos se encogió de hombros. No tenía ni idea de qué iba a suceder, de lo que significaba aquel silencio. ¿Los habrían descubierto? ¿Habían oído algo extraño y por eso interrumpían su ceremonia? Era imposible. Estaban bien escondidos tras unas grandes rocas no muy cerca del centro de la cueva.

Al momento comprendieron lo que pasaba. Un rayo de luz apareció encima de sus cabezas. En el techo de la cueva había una pequeña grieta[17] y por ahí se colaba el sol a una hora determinada.

El rayo de sol pareció titubear[18], como si se tratase de una linterna que alguien movía intentando buscar algo. En un momento, se centró encima de la gran piedra. Parecía como si un dios superior estuviese señalando con su dedo esos restos humanos tendidos sobre la piedra.

Fue un instante mágico. Todos los nativos, que permanecían absolutamente en silencio, agacharon sus cabezas en dirección al altar. Así, tocando con sus cabezas el suelo mojado, permanecieron unos minutos interminables, hasta que uno de ellos, que parecía una especie de hechicero, inició un grito agudo y largo que los demás imitaron. Sonaba como un lamento de un niño en la oscuridad. Al poco, todos se incorporaron y continuaron una danza tribal antes interrumpida.

Carlos se atrevió a hablar: "¡Ha sido impresionante! Colocan a su dios sobre esa roca donde lo ven iluminado como si tuviese poderes sobrenaturales. Para ellos esa luz es una señal".

17. **Grieta:** Abertura pequeña y estrecha.
18. **Titubear:** Oscilar.

EL RESCATE

Raúl agarró a David de la manga: "¿Qué pasa?", le dijo éste molesto.

Los ojos de Raúl reflejaban miedo. Un miedo que hasta ahora no habían sentido porque no se habían sentido amenazados[1].

"¡Allí! ¡Son ellos!¡Los tienen!", señalaba con el dedo la parte más oscura de la cueva, casi oculta por los cuerpos de algunos de ellos.

Una gota de sudor frío recorrió la frente de Carlos al ver en el suelo, sentados y observando todo con el mismo asombro que ellos mismos, a Francisco y a Marcos Costa.

"¡Así que los han cogido ellos!"

"Por eso desaparecieron. ¡Han sido secuestrados[2] por los indígenas!"

David se atrevió a poner en palabras lo que los tres estaban pensando en ese momento: "Espero que no sean caníbales[3]".

Carlos susurró: "No lo son. Si no, ya no estarían vivos". Los otros dos suspiraron con alivio.

"Y ahora, ¿qué hacemos?", preguntó Raúl.

Carlos decidió: "Tenemos que intentar rescatarlos. Esperaremos hasta que se despisten y nos acercaremos a ellos".

"Pero es imposible. Nos verán seguro".

"Pues entonces esperaremos a que salgan de aquí y los seguiremos hasta donde haga falta", contestó Carlos con autoridad.

1. **Amenazar:** Hacer ademán o dar indicios de que se quiere perjudicar y hacer daño a alguien.
2. **Secuestrar:** Obligar a estar recluido contra su voluntad a alguien. Privar de libertad a alguien.
3. **Caníbal:** Hombre que come a sus congéneres.

Esperaron agazapados[4] detrás de las rocas hasta que el espectáculo terminó.

Cuando los primeros nativos empezaron a salir de la cueva, Carlos dió un codazo a sus compañeros.

Poco a poco todos fueron desapareciendo en dirección al exterior.

Francisco y Marcos seguían en el suelo, observando los movimientos de los nativos.

"Quizás los dejen aquí. No parecen hacerles mucho caso", susurró Raúl con esperanza.

Sin embargo, cuando sólo unos pocos quedaban dentro de la cueva, cogieron a Francisco entre cuatro, lo subieron encima de una especie de hamaca[5] hecha con troncos y un entramado de ramas y lo portearon a hombros. Hicieron lo mismo con Marcos.

"¡Es increíble! No se los van a comer. Creo que los tratan como a dioses". Carlos intentaba comprender la actitud de los indígenas basándose en sus conocimientos antropológicos.

"¿Cómo es posible?", preguntó David.

"Probablemente debido al color de su piel y a su pelo rubio los consideran seres fantásticos. No es la primera vez que los nativos de lugares remotos, que nunca han conocido a hombres de raza blanca, consideran a éstos como venidos del cielo, enviados de dios o incluso como auténticos dioses a los que hay que adorar".

Los siguieron a distancia por parajes[6] extraños en dirección norte. Se dirigían justo al otro extremo de la isla respecto a su campamento.

4. **Agazapado:** Agachado encogiendo el cuerpo contra el suelo.
5. **Hamaca:** Cama rudimentaria hecha con una lona que sostienen dos apoyos laterales.
6. **Parajes:** Lugares.

Tras varias horas de caminata, divisaron a lo lejos una serie de chozas formando un círculo. Ya la noche estaba cayendo y la luz dejaba ver el camino con dificultad.

"Esperaremos a que anochezca del todo y nos acercaremos hasta Francisco".

Con la expectación de un científico que ve toda la teoría estudiada durante años hecha realidad ante sus ojos, observaron los movimientos de la tribu. Los vieron encender una hoguera en el centro de las chozas, sentarse alrededor del fuego con sus mujeres e hijos a degustar un manjar[7] de jabalí que tostaron sobre el fuego. Los vieron cantar melodías suaves antes de retirarse a descansar.

Cuando parecía que todo estaba en silencio, aunque algunos de los nativos más jóvenes habían quedado tendidos en el suelo durmiendo, decidieron acercarse a la choza donde habían metido a Francisco y Marcos. Nadie vigilaba. Estaba claro que aunque los nativos conocían su existencia, no temían que los asaltasen[8] ni nada por el estilo.

Carlos les indicó: "Quedaos aquí fuera por si hay problemas. Yo entraré en la choza"

Levantó un poco las ramas de la parte trasera y entró.

Le costó ver algo en la oscuridad absoluta del interior, pero cuando sus ojos se habituaron, consiguió localizar a Francisco tumbado sobre unas ramas en el suelo. Parecía dormir plácidamente[9].

También Marcos estaba allí. A su lado había otra persona. ¡Una mujer! Marcos había encontrado compañera en la tribu, o era una especie de ofrenda de los nativos.

7. **Manjar:** Comida buena y abundante.
8. **Asaltar:** Atacar por sorpresa.
9. **Plácidamente:** Serenamente, tranquilamente.

39

Decidió hablar con Francisco primero. Le tapó la boca con la mano para que no gritase y lo zarandeó suavemente.

"¡Francisco! ¡Despierta!"

Francisco salió de un sueño profundo.

"¿Eh? ¿Quién es?" Se restregó los ojos con los puños. Al momento reaccionó. "¡Carlos! ¡Dios mío! ¡Estás aquí! ¿También a tí te han pillado?" Lo miraba con ojos desorbitados.

"No, tranquilo. Hemos venido a salvaros".

"Ahí está Marcos. Hay que sacarlo de aquí".

"¿Está mal?", preguntó Carlos, recordando el accidente.

"No. Los nativos lo curaron. Debió sufrir un duro golpe y no recuerda nada. Pero ellos lo curaron. Bueno, mejor dicho, ella", y dirigió su mirada hacia la mujer tendida al lado de Marcos.

"Será mejor que no la despertemos".

Francisco se acercó a Marcos y lo despertó.

"Marcos. Nos han liberado. Vamos", le susurró.

Marcos despertó y se puso en pie de un salto. "Vamos".

Su respuesta fue tan inmediata que Carlos se sorprendió. Era como si hubiera estado esperándolos en cualquier momento.

Salieron por el hueco que había hecho Carlos al entrar, pero cuando el último de ellos, Marcos, salía, de repente se les quedó mirando y dijo: "Un momento, se me olvida algo".

David exclamó tan bajo como pudo: "Pero, ¿dónde va?"

"No irá a por la chica", preguntó Carlos a Francisco temiéndose lo peor.

Éste se encogió de hombros. No tenía ni idea de las intenciones de Marcos.

Al segundo, Marcos salió con algo en las manos. Era un librito negro algo viejo.

Sonrió a todos con ojos brillantes y dijo misterioso: "El diario".

Los demás no sabían de qué se trataba, pero decidieron salir de allí lo antes posible.

Marcos lo confirmó: "Vámonos de aquí. Ya os lo contaré luego". Lo guardó entre su ropa a la altura del pecho y salió corriendo seguido por los demás.

EL DIARIO

El día había sido agotador[1] y cuando consideraron que estaban lo suficientemente lejos de la tribu para que no los encontrasen o cuando sus fuerzas flaquearon[2], decidieron descansar.

Francisco fue el primero en hablar. "Muchas gracias, de verdad. Creíamos que nunca saldríamos de allí". Su voz temblorosa reflejaba el miedo que había pasado.

Marcos lo interrumpió: "Bueno, no era tan malo. Ser tratado como un dios es un cambio. ¿No?" Una sonrisa iluminó su cara. Su aspecto era incluso más sucio y desaliñado que antes, sin embargo, estar separado del alcohol había devuelto algo de juventud a su expresión.

Carlos le preguntó por el diario. "¿Qué es eso tan importante que has cogido?"

Marcos lo miró con dignidad[3]. "Es un tesoro. Lo

1. **Agotador:** Que cansa mucho.
2. **Flaquear las fuerzas:** Estar muy cansado, al límite de su fuerza.
3. **Dignidad:** Orgullo de sí mismo, de sus acciones o de su forma de ser.

encontré en una de las chozas donde me metieron al principio, cuando estaba enfermo. Estaba escondido entre las hierbas del suelo, dentro de una cajita de madera".

"Pero… ¿qué es?", preguntaron al unísono Carlos y David, intrigados.

Marcos se lo mostró como si se tratase de algo realmente valioso. Se trataba de un librito de tapas negras de piel, algo carcomida[4] por el paso del tiempo y por la humedad.

Marcos dijo con satisfacción: "Es un diario de un científico que estuvo aquí antes que nosotros".

"¿Qué?", Carlos no podía creerlo. ¿Un científico? ¿Alguien había llegado hasta allí para estudiar la isla, o quizás en busca de lo mismo que él?

Cogió el librito de las manos de Marcos con suavidad, como si de un bebé recién nacido se tratase.

En la tapa podía leerse: "Diario de Thomas Willington. La búsqueda de nuestros antepasados".

Era increíble. Alguien había recorrido el mismo camino que ellos en busca probablemente de los mismos rastros y no había conseguido volver a la civilización.

Lo guardó en su bolsillo y comentó con los otros: "Mejor será que lo dejemos para mañana. Ahora debemos descansar en un lugar seco y seguro".

Buscaron un lugar guarecido[5] entre las rocas y pasaron allí la noche.

4. **Carcomida:** Estropeada.
5. **Guarecido:** Oculto, seguro.

ACLARACIONES

Al día siguiente, el sol los despertó. "¿Crees que dejará de llover?", Raúl se dirigió a David, algo más experto que él en temas climáticos.

"Siento decirlo, pero no es probable. Las lluvias suelen durar semanas, aunque sí es cierto que acaban tan radicalmente como comenzaron. Un día saldrá el sol definitivamente y no lloverá más".

"Espero que sea pronto", comentó Raúl algo deprimido por el constante caer de agua sobre su cabeza, por el andar siempre chapoteando[1] con el agua hasta los tobillos y la falta de posibilidades de trabajar en las excavaciones.

Carlos tenía en su mente cosas más importantes para él que el clima, así que reunió a todos y les dijo: "Será mejor que leamos el diario. Puede darnos pistas muy interesantes".

Marcos se dirigió a él con orgullo. "Yo ya lo he leído".

"¿Lo has leído?" Carlos no podía creerlo de él. Ni siquiera hubiera imaginado que pudiera interesarle.

"Sí", volvió a afirmar Marcos. "Puedo haceros un resumen".

Carlos se sentó sobre una piedra dispuesto a escuchar. "Por favor".

"Thomas Willington era un científico inglés que en 1938 llegó a una conclusión en sus investigaciones. Un ser humano anterior al *homo neandertal* habitó un lugar en la tierra donde nadie nunca creyó encontrarlo.

Decidió ir a buscarlo personalmente, así que cogió un barco en dirección oeste y partió[2] en un viaje que duró meses.

1. **Chapotear:** Andar sobre el agua salpicando.
2. **Partir:** Salir de viaje.

Vino a dar a esta isla, al igual que nosotros, donde tras largas investigaciones consiguió dar con los restos que iba buscando. Sin embargo, no tenía contacto con la civilización y lo único que pudo hacer fue escribir este diario con la esperanza de hacerlo llegar a sus colegas en la Gran Bretaña, cosa que no logró.

Los nativos lo descubrieron, pues los restos que él intentaba localizar eran para ellos parte de un ser sagrado al que llevaban toda su vida adorando: esta montaña.

Para ellos el ser sagrado era la montaña y al descubrir al señor Willington sacando un tesoro de dientes y huesos de allí, consideraron que aquellos eran parte de ella, parte de su dios y por tanto también venerables y respetables.

Willington tuvo la suerte de ser rubio y de piel clara, pues los nativos en vez de considerarlo un allanador[3], un ladrón sin escrúpulos al que hubieran dado muerte sin más, lo vieron como un enviado de su dios y por tanto lo aclamaron y trataron como tal hasta su muerte.

Por supuesto, Willington no tuvo opción. No consiguió escapar de la vigilancia de los nativos, así que decidió seguir escribiendo su diario con la esperanza de que alguien, algún día, lo encontrase".

Carlos le preguntó inquieto[4]: "Pero, ¿y los restos? ¿Consiguió llevarlos a algún lugar seguro? ¿Son los que adoraban sobre el altar durante la ceremonia religiosa?"

"No, por supuesto que no. Esos eran los restos de Thomas Willington, que acabó sus días como un auténtico dios".

"Por eso os tenían retenidos", exclamó Raúl.

"Sí. Nos han llamado hijos de "katu", hijos de la

3. **Allanar:** Entrar en el domicilio de alguien sin su permiso.
4. **Inquieto:** Nervioso, inseguro.

montaña sagrada. Debido a nuestra piel clara y nuestro pelo rubio nos han visto similares a Willington, y por tanto, hijos también de su dios".

"Bueno, ahora será mejor que no nos retrasemos", comentó Carlos poniéndose de pie. "Debemos regresar al campamento".

EL VIAJE

Cuando llegaron al campamento encontraron a Ana mucho mejor. Estaba bastante recuperada de su enfermedad y había estado recopilando[1] datos y arreglando cosas. Entre ellas, la radio que recogió Carlos en la avioneta tras el accidente.

"Creo que funciona. Sólo hay que salir a una zona más despejada e intentar enviar algún mensaje", les dijo al llegar.

"¡Bravo!"

"¡Bien!"

Todos se alegraron, pues significaba un camino abierto hacia la civilización. Poder comunicarse con el exterior significaba que alguien podría venir a recogerlos y sacarlos de la isla.

Carlos organizó el grupo. "Marcos, tú y David os acercaréis mañana a la playa a ver si podéis contactar con la guardia costera[2]. Si conseguimos que vengan a buscarnos", se volvió hacia Ana, "podrás salir de aquí y regresar".

Ana lo miró ofendida: "Yo no pienso irme de aquí sin acabar mi trabajo. Ahora me encuentro bien y puedo empezar de nuevo".

1. **Recopilar:** Encontrar y recoger.
2. **Guardia costera:** Policía del mar.

Carlos sabía que no había discusión posible, así que no respondió.

Al día siguiente, Marcos y David regresaron sonriendo.

"¡Lo hemos conseguido! ¡Hemos contactado con ellos!"

"¿Sabían quiénes érais?", les preguntó Ana.

"Sí. Sabían que nos habíamos perdido por esta zona. Nos habían estado buscando durante semanas, pero al no dar señales de vida nos dieron por muertos", respondió David algo ofendido por la falta de confianza de la guardia costera.

Continuó: "Parece que había problemas con la Sociedad. Al no saber nada de nosotros, decidieron retirar la subvención y no seguir buscando. Descartaron el proyecto".

"¿Qué?"

"Pero... no puede ser. Yo estoy con vosotros y mi tío..." Francisco se sentía totalmente traicionado. "Yo he venido hasta aquí por mi tío y ahora..." Sus ojos reflejaban el despecho[3] hacia quien lo había embarcado en una aventura que él nunca quiso realizar y ahora lo abandonaba en el fin del mundo. Se sentía defraudado.

Carlos le dió dos palmadas en el hombro: "No te preocupes, chico. Volveremos y recuperaremos nuestro trabajo. Hablaremos con ellos de nuevo y ahora les presentaremos pruebas irrefutables. No podrán negar que hasta ahora nuestras investigaciones han sido un verdadero éxito".

Decidieron que Carlos y Francisco regresarían a la civilización.

"Mostraremos al mundo el diario de Thomas Willington y lo convertiremos en nuestro precursor.

3. **Despecho:** Enfado por una ofensa.

Mientras tanto, vosotros debéis continuar el trabajo dentro de la cueva. Raúl sabe cómo iniciar las excavaciones y os indicará cómo hacerlo".

Marcos se adelantó un poco, pues había quedado algo fuera del grupo: "Sólo hay un problema. La tribu. Ellos no permitirán que saquemos su tesoro de allí".

Carlos se volvió hacia él: "Bueno, no... a menos que su dios les indique que así lo hagan ¿no?"

Marcos se quedó inmóvil. No se le había ocurrido esa posibilidad. "¿Pretendes que me una de nuevo a ellos para protegeros?"

"Por supuesto. Creo que sería lo mejor. Así nos ayudarás a dar nuestro paso de gigante y recoger unas muestras que deberían estar en manos de estudiosos que puedan explicar al mundo su origen".

La idea no pareció molestar a Marcos. "De acuerdo. Al fin y al cabo, no está tal mal ser tratado como un dios".

"Entonces de acuerdo", cerró la conversación Carlos. "Volveremos con material nuevo y con el apoyo de la Sociedad. Estoy seguro", y sonrió a Ana.

Los dos sabían que la separación sería dura, pero cada uno tenía su función en el grupo y no podían abandonar.

RESULTADOS

Mientras Carlos y Francisco regresaban a la civilización para intentar recuperar la confianza de la Sociedad, los demás fueron avanzando en la extracción de restos fósiles[1] animales y humanos de la cueva.

---

1. **Fósiles:** Huesos o cualquier sustancia orgánica que han permanecido como parte de una roca o piedra durante años.

Marcos se mantuvo al margen, inmerso en su papel de dios de la tribu de isleños, que lo aceptaron plenamente. Él se entendía con ellos bastante bien, pues hablaban una lengua similar a la que le enseñó su abuelo cuando era un niño. Uno de los dialectos[2] derivados de una raíz común extendida por todo el archipiélago y sus cercanías.

Raúl al frente de la excavación, ayudado por Ana como científica especializada y por David como colaborador, montaron una estructura de troncos cruzados formando cuadrados de un metro de ancho por un metro de largo, por donde se introducían ayudados por cuerdas para ir analizando la zona con cuidado.

Debían ir retirando tierra y arena con mucho cuidado, con la ayuda de pinceles incluso, para no deteriorar las piezas que aparecían por doquier.

Habían encontrado trozos de piedras con forma afilada de una manera muy rústica y sencilla, lo que demostraba la existencia de una civilización humana hacía unos ochocientos mil años.

La cueva había conservado restos de seres humanos debido a algún derrumbamiento imprevisto que los dejó encerrados allí como en una tumba.

Habían quedado probablemente sepultados en vida junto a sus animales domésticos (habían encontrado dientes de cabra y oveja) y todos sus enseres[3], tales como herramientas de piedra que utilizarían para cazar o romper los huesos de los animales y comerse el interior).

En la parte más inaccesible de la cueva, tras retirar rocas enormes y montones de tierra y barro,

2. **Dialecto:** Lengua de una pequeña población.
3. **Enseres:** Materiales propios de una casa.

encontraron fragmentos de huesos y mandíbulas pertenecientes a aquellos seres humanos.

Su estatura no superaría 1,75 metros, su estructura corporal sería fuerte y robusta y su forma de andar bastante similar a la del hombre actual.

La forma de los huesos recordaba a la del hombre neandertal, posterior a él.

El estudio de los dientes que Ana realizó demostró que los utilizaban como herramienta, casi como una tercera mano. Los más adultos los tenían tan desgastados que mordían con la quijada[4].

En algunos cráneos descubrieron huellas de golpes recibidos probablemente a lo largo de su vida, e incluso de infecciones que en muchos casos podrían haber provocado la muerte de aquellos individuos.

Un día, localizaron un segmento de un hueso que intentaron rescatar de entre las piedras. Era un cráneo completo dentro del cual estaban intactos los pequeños huesecillos del oído, los más pequeños encontrados hasta entonces. Ésto suponía un hito[5] en la historia de la antropología.

Tras un arduo trabajo, habían conseguido las pruebas que demostrarían al mundo la existencia de unos seres humanos en un lugar donde hasta entonces nadie había pensado encontrar. Por fin la teoría de Carlos había sido hecha realidad.

MARCOS COSTA

Mientras tanto, Marcos se había adaptado perfectamente a la vida de la tribu. Tenía su

4. **Quijada:** La forman las dos mandíbulas.
5. **Hito:** Momento importante en la historia.

propia choza, la más grande de la tribu, donde vivía con la mujer que conoció en su anterior estancia con ellos.

Se le veía feliz.

Hacía lo que le daba la gana. Le servían las mejores frutas y le cubrían las mejores pieles.

Todos los días al atardecer, se sentaba junto a los demás a cantar melodías ancestrales que sentía muy dentro de sí. Les enseñaba cantos nuevos a las mujeres de la tribu, que reían con él. Los niños jugaban con él y todos lo respetaban. Nunca había sido tan feliz.

EL REGRESO

Una mañana, el sol lució espléndidamente. Ana sintió un pequeño rayo colarse entre las lonas que les cubrían. Sintió el calor del sol, ya olvidado tras meses de humedad y frío, y una alegría enorme la empujó a salir al exterior de un salto.

Efectivamente, habían acabado las lluvias.

El sol empezó a secar poco a poco los charcos del suelo y las hojas de los árboles ya no chorreaban agua. Todo estaba verde y limpio.

Se sentía el olor a naturaleza viva y fresca.

La nueva vida empezó a surgir[1] en todos los rincones.

Los pájaros de colores vivos, antes ocultos entre las ramas de los árboles, ahora volaban aleteando[2] en lo alto. Era el resurgir de la vida.

Ese mismo día llegó Carlos.

Escucharon el motor de una avioneta cerca de la playa, aunque no consiguieron verla.

---

1. **Surgir:** Salir, crecer.
2. **Aletear:** Mover las alas para volar.

"¡Vamos! ¡Corred! ¡Tenemos visita!"

La alegría desbordaba a Ana, que sabía que su marido llegaba en aquella avioneta.

Salieron los tres corriendo hacia la playa y cuando llegaron allí estaba Carlos, rodeado de maletas y bolsas, acompañado por el piloto y otro hombre.

Ana fue corriendo hacia él y lo abrazó.

Los demás se acercaron y estrecharon las manos de los dos recién llegados.

"Soy David y éste es Raúl".

"¿Qué tal?", les saludó el nuevo acompañante de Carlos, "soy el doctor Martin".

"¿Un médico?", Ana interrogó a su marido.

Él respondió con una sonrisa: "Bueno, he traído a Mahoma a la montaña. Ha accedido a estar una temporada con nosotros por aquí. Es un experto en enfermedades tropicales y también para él este lugar es muy interesante".

"¡Genial!", gritó Raúl, contento de tener otras dos manos más para repartir el trabajo.

Carlos se quedó impresionado con los avances realizados durante su ausencia.

"Habéis hecho un buen trabajo. Estoy orgulloso de vosotros", dijo con satisfacción.

El acomodo fue sencillo. Ahora no necesitaban dormir en una zona alta, pues las lluvias habían desaparecido, así que habilitaron el campamento en una zona más llana y cómoda.

"Ésto es genial", comentó Carlos a su mujer en susurros, "lo echaba de menos[3]".

Se dirigió a todos abrazado a su mujer: "Chicos, hemos conseguido lo que buscábamos. La Sociedad está plenamente satisfecha con nuestro trabajo y nos han

---

3. **Echar de menos:** Añorar, notar la falta de alguien o algo.

dado su apoyo sin condiciones. Una vez hayamos conseguido suficiente material para estudios posteriores y creo que por lo que he visto ya tenemos bastante, podremos volver con todos los honores.

"¿Y Francisco?", preguntó David.

"Ha decidido quedarse. Su tío le ofreció un puesto importante en la Sociedad, como encargado de localizar proyectos interesantes y lo aceptó. Al fin y al cabo, él nunca se encontró cómodo aquí. Su puesto está detrás de una mesa", hizo un guiño[4]. "Me prometió que seguirá nuestros pasos y nos ayudará en todo lo necesario".

David, un poco avergonzado por haberlo rechazado desde el principio, comentó: "Sí. Es un chico estupendo".

LA ENFERMEDAD

Una mañana, Marcos apareció en el campamento.

"¡Ana! ¡David! ¡Carlos!", les llamó a gritos.

"¿Qué sucede?"

"Hay problemas. Grandes problemas", se notaba que había venido corriendo y casi le faltaba el aliento[1].

"¿Qué pasa?"

"Están enfermos. Muy enfermos".

"¿Los nativos?", preguntó Carlos.

"Sí. Ellos". Marcos estaba agitado y sudoroso.

Continuó su explicación. "Creen que la montaña se ha enfadado por vuestra culpa y los está matando".

"Pero… ¿mueren sin más?" Ana no podía creerlo.

---

4. **Guiño:** Cerrar un ojo con gesto de complicidad.

1. **Faltar el aliento:** Tener dificultad para respirar por causa de un esfuerzo grande.

"No lo sé. Sólo sé que han muerto ya cinco hombres y dos mujeres, y algunos de los niños están enfermos con fiebre. Es terrible".

Carlos intentó calmarlo. "Bueno, tranquilo. Ahora tenemos un médico con nosotros. Él nos ayudará".

El doctor Martin, en quien Marcos ni siquiera había reparado[2] hasta ese momento, se adelantó a saludarle. "Veremos qué se puede hacer", le dijo con una sonrisa mientras le daba la mano.

"Tiene que venir conmigo y curarles", Marcos insistió imperioso.

"Sí, desde luego".

"Pero… ¿no nos atacarán?" Preguntó Ana prudente.

"No. Les dije que buscaría ayuda entre vosotros y me dejaron venir. Les he intentado explicar que es una enfermedad y que la montaña no tiene nada que ver, pero es inútil".

Carlos tomó una decisión: "Iremos contigo y el doctor los curará. Ahora tenemos los medios para hacerlo".

El doctor Martin le miró sin mucha confianza. Sabía que no siempre era posible hacer algo ante ciertas enfermedades desconocidas, pero estaba dispuesto a hacer todo lo posible.

Tras varias horas de caminata, llegaron al poblado.

Marcos, seguido por Carlos y el doctor, entraron caminando despacio por el medio de las pequeñas chozas que formaban un círculo alrededor del fuego. Allí les esperaban casi todos los indígenas.

Marcos se dirigió a uno de ellos, que parecía ser el jefe, y le presentó a sus compañeros.

Se saludaron con la mano. Marcos les había enseñado a hacerlo.

---

2. **Reparar en algo o alguien:** Darse cuenta de su presencia, notar.

"Bueno, ¿por dónde empezamos?", preguntó el doctor, nervioso por la situación.

"Venga conmigo", le respondió Marcos con una señal. "Arala está enferma".

"¿Quién es Arala?"

"Mi… mujer". Marcos pareció titubear un poco al descubrirles que por quien realmente estaba preocupado era ella. Desde que regresó a la tribu ella no se había separado de su lado ni un solo momento, y ahora no quería perderla.

El doctor la examinó, al igual que a los demás enfermos que reposaban[3] en las distintas chozas.

Cuando acabó de verlos a todos, se reunió con Carlos y Marcos. El resto de la tribu les rodeaba observándoles desconfiados.

"¿Qué es, doctor?", preguntó Marcos impaciente.

El doctor sonrió. "Es muy sencillo, Marcos. Es gripe".

"¿Gripe?"

"Sí. Seguramente la hemos traído nosotros mismos. Nosotros tenemos anticuerpos[4] para defendernos de ella, pero ellos no. Es algo muy común en zonas desconocidas para el hombre civilizado. Sus cuerpos no han estado en contacto con ese tipo de enfermedad y no están preparados para afrontarla. Por eso mueren".

"¿Y qué podemos hacer?" Marcos intentaba buscar una solución.

"Hay que vacunarlos[5] para que no se extienda. A los enfermos los trataremos con antibióticos. Creo que

3. **Reposar:** Descansar.
4. **Anticuerpo:** Sustancia producida en el organismo por la presencia de un antígeno contra el que reacciona.
5. **Vacunar:** Introducir un virus preparado en un organismo para preservarlo de él.

tendré suficientes, pero tendremos que pedir las vacunas fuera de la isla".

"De acuerdo. Avisaremos por radio y estarán aquí en una semana", resolvió Carlos.

Marcos pareció tranquilizarse con la explicación e intentó ser convincente con el jefe de la tribu para que permitiese al doctor dar los antibióticos a los enfermos.

Una vez realizada su función, el doctor se relajó.

Carlos no quería permanecer mucho tiempo en la tribu, pues notaba un cierto rechazo por parte de los nativos.

"Vamos. Debemos regresar al campamento. Marcos se ocupará de ellos".

Se despidieron de Marcos y de los demás con la mano e iniciaron el regreso.

"Creo que son buena gente. Nos han recibido muy bien", comentó el doctor en el camino.

"Bueno, no sé qué hubiera pasado si Marcos no hubiera estado con ellos. Quizás la cosa no hubiera sido igual".

Siguieron en silencio hasta el campamento, cada uno inmerso en sus pensamientos.

EL FINAL

Tal como había dicho Carlos, en una semana les enviaron las vacunas. Francisco se encargó de que el pedido llegase de manera urgente.

La segunda visita al poblado fue mucho más gratificante, pues ya habían sanado los que estaban enfermos y todos adoraban a Marcos y sus ayudantes.

Repartieron vacunas por todo el poblado, a pesar de que no les hacía mucha gracia el pinchazo que debían recibir. Pero confiaban en Marcos.

Éste estaba exultante[1]. Arala estaba junto a él, ya totalmente recuperada. Era una mujer muy bella. Sus ojos oscuros y su larga cabellera negra le hacían parecer una diosa india.

Carlos se dirigió a él.

"Creo que nos iremos pronto. Estaba previsto que nos quedásemos por lo menos tres meses más, pero tenemos material de sobra para continuar nuestras investigaciones y no quiero causar más problemas por aquí".

"Pero… ¿ahora?", Marcos se sorprendió. No tenía pensado volver a la civilización tan pronto. Realmente se encontraba bien allí.

"Bueno, tú puedes quedarte. Si quieres", y le dirigió una mirada interrogante.

Marcos pareció pensar unos segundos. Por su mente pasaron los años como piloto en su adorada avioneta, ya destruida, sus largas horas de espera sentado frente al hangar, bebiendo y perdiendo el tiempo. La verdad es que había tenido su tiempo de gloria, pero los últimos años habían sido nefastos[2]. Sin clientes, sin dinero y sin expectativas.

Respondió a Carlos resuelto: "¿Sabes? Creo que yo me quedo. Aquí estoy mejor que nunca y nadie me espera en tierra firme. Sí, creo que yo me quedo".

"Está bien. Te dejaremos la radio para que puedas contactar con la civilización".

Marcos le dió un fuerte apretón de manos.

Tal como predijo Carlos, en pocos días todo estaba recogido.

Colocaron su tesoro (fósiles, huesos, trozos de platos y vasijas, etc.) en contenedores herméticos dispuestos

1. **Exultar:** Saltar de alegría, gozar.
2. **Nefasto:** Desastroso, fatal.

para el transporte y desmontaron la estructura que habían formado dentro de la cueva.

Carlos descubrió a Ana observando desde fuera: "Es una pena".

"¿Qué?", su marido no entendió a qué se refería.

"Este sitio. Es una pena irse. La verdad es que me había acostumbrado a vivir aquí".

"Creí que querías volver a nuestra vida anterior, ya sabes, la facultad, la casa, un niño…"

"Sí, bueno, sí quiero", pareció salir de un sueño, "pero ha sido una experiencia inolvidable".

"Desde luego que sí".

Vino a recogerles una avioneta esta vez mucho más nueva y reluciente[3].

Todos volvían contentos. Carlos y Ana con su tesoro maravilloso que les convertiría en prestigiosos científicos en su materia, Raúl seguiría realizando viajes inolvidables por todo el mundo con diferentes expediciones más y más interesantes y David acabaría montando una agrupación de montañeros y escaladores cerca de su pueblo natal.

Sin embargo, mientras sobrevolaban la isla que nunca volverían a ver, en las mentes de todos ellos quedaba un resquicio de envidia hacia quien había tomado un rumbo muy distinto. Aquel que se quedaba para siempre dentro de un sueño hecho realidad. Aquel que se había dejado llevar por la magia de la isla, Marcos Costa.

3. **Reluciente:** Que brilla, que tiene luz.

EL CONGRESO

1. Busca en el texto las palabras correspondientes a las siguientes definiciones.

a) Reunirse un grupo de especialistas.

....

b) Periodo de tiempo durante el cual no se trabaja.

....

c) Estudiosos de los aspectos evolutivos del hombre.

....

d) Estudiosos de la ciencia de las cavernas.

....

e) Contrincante, opositor.

....

2. Responde a las siguientes preguntas sobre el texto.

a) ¿En que época del año se desarrolla el Congreso de Antropología?

....

b) ¿Cómo se denomina el eslabón de la cadena humana que Carlos pretende descubrir?

....

c) ¿En qué lugar del mundo se encuentra?

....

d) ¿ La decisión de Carlos de ir a la isla es precipitada o llevaba años preparándola?

....

1. Rellena los huecos con las palabras adecuadas.

a) No .... irás sin mí.
b) Cuando oí lo que dijo, ... podía creerlo.
c) Estaremos una temporada fuera .... casa y nada más.
d) No permitiré .... me dejes sola.
e) Estoy .... acuerdo con lo que dices, pero hay que pensarlo bien.
f) .... peligroso viajar solo.

2. Coloca la tilde donde sea necesario.

No es necesario que te diga que tu no vas a ir solo. No entiendo como has podido imaginar que yo estaba de acuerdo. Si el puede ir, yo tambien. Asi que no admito discusion.

EL GRUPO

1. ¿Qué material llevarías a una expedición aparte de lo que aparece en el texto?

....
....

2. Escribe la carta que Carlos envió a la Sociedad para solicitar su ayuda.

....
....

LA ENTREVISTA

1. **Relaciona las siguientes palabras con sus antónimos.**

   importante   suspender
   silencio   fracaso
   aprobar   pasado
   éxito   trivial
   futuro   ruido

2. **Escribe las frases correctamente.**

a) años el desarrollo le llevó de su teoría.

   ....

b) apoyo consiguió el Carlos de la Sociedad a sus argumentos gracias.

   ....

c) que debía ir allí el escrito indio de le convenció.

   ....

d) hombres cinco sentados había detrás de una mesa serios larga.

   ....

e) se sintió cuando acabó muy cansado de hablar.

   ....

3. **Rellena los huecos con las preposiciones adecuadas.**

a) Dentro .... unos años te convencerás de que ésto es lo mejor.

b) Mientras hablaba, dirigió su mirada .... los hombres sentados frente a él.

c) .... su infancia había sentido interés por la antropología.

d) No le costó encontrar a alguien dispuesto .... acompañarle.

e) Su teoría era conocida .... todos sus colegas, pero ninguno .... ellos le apoyaba.

f) Puso tanto esfuerzo .... su explicación que acabó exhausto.

g) Tendremos que esperar con paciencia .... que la Sociedad tome una decisión.

h) Sabía que no podría llevar a cabo su viaje .... Francisco.

EL INICIO DEL VIAJE

---

1. **¿Cómo va a cambiar este viaje las vidas de Ana y Carlos?**

    ....
    ....

2. **¿Has hecho alguna vez un viaje que haya cambiado tu vida? ¿En qué la ha cambiado?**

    ....
    ....

3. **Escribe las siguientes frases en forma pasiva.**

a) La avioneta transportará al grupo hasta la isla.

    ....

b) Ellos prepararon su equipaje en pocos días.

    ....

c) Las palabras de Carlos convencieron a Ana.

....

d) Ana encontró información sobre la isla en una enciclopedia antigua.

....

e) Los profesores deben solicitar una excedencia si desear abandonar su trabajo.

....

f) Comprarán productos adecuados en la isla.

....

EL ACCIDENTE

---

1. Responde a las siguientes preguntas.

a) ¿Era la avioneta de Marcos como esperaban?

....

b) ¿Por qué no pueden salir de viaje cuando estaba previsto?

....

c) ¿Por qué se enfada Carlos con Marcos Costa?

....

d) ¿Cuántas personas cabían en la avioneta?

....

e) ¿Cuánto tiempo dura el viaje hasta la isla?

....

f) ¿Qué falla en la avioneta?

....

2. Escribe las frases de nuevo sustituyendo las palabras subrayadas por pronombres.

a) A <u>Ana</u> no le gustó <u>Marcos Costa</u> desde el principio.

....

b) <u>Todos los pasajeros</u> estaban asustados por <u>el ruido del motor</u>.

....

c) Le diremos <u>a Marcos</u> <u>la verdad</u>.

....

d) Estoy seguro de que <u>Francisco</u> dijo <u>algo importante</u> a <u>su tío</u>.

....

e) Las maletas <u>de Carlos</u> eran muy similares a <u>vuestras maletas</u>.

....

3. Rellena los huecos con los siguientes verbos en su forma correcta.

> caer • advertir • pilotar • llegar •
> quedarse • dormido • salir

a) El viejo era incapaz de .... la avioneta hasta la isla.

b) Debido al movimiento brusco de la avioneta, las maletas .... sobre los pasajeros.

c) Marcos les aseguró que .... en una hora y media.

d) Si no está a tiempo, ... solos por la mañana.

e) El piloto les .... de que era peligroso permanecer en la isla durante la estación de las lluvias.

f) El viaje les pareció corto, pues se ....

MALAS NOTICIAS

1. Escribe la noticia que saldría en la prensa comentando el accidente.

....

2. Acaba las siguientes frases.

a) Durante unos segundos, no supimos ....
b) ¿Has visto dónde ....?
c) Hemos buscado por toda la playa, pero ....
d) Cuando Carlos despertó, ...
e) No comprendo lo que ....

LA ISLA

---

1. Define las siguientes palabras.

a) Pesimista: ....
b) Indicios: ....
c) Trayecto: ....
d) Proyecto: ....
e) Límite: ....

2. Indica si las frases son verdaderas (V) o falsas (F).

	V	F
a) Tardaron tres días en llegar hasta la otra isla en la barca	☐	☐
b) La radio estaba destrozada debido al accidente	☐	☐
c) David añoraba la civilización	☐	☐
d) Francisco es un hombre joven y fuerte que ayuda a preparar la barca	☐	☐
e) Las excavaciones no durarán más de seis meses	☐	☐

1. Escribe por lo menos dos palabras del mismo campo semántico que los siguientes.

a) Cascada ....
b) Arbusto ....
c) Dibujo ....
d) Cabaña ....

2. Haz el dibujo indio según la descripción de Carlos.

PROBLEMAS

1. Escribe las siguientes frases en estilo indirecto.

a) "Francisco es un desastre"
David comentó que ....
b) "Me extraña mucho que no esté aquí".
Carlos exclamó que ....

c) "¿Has pensado que es el segundo desaparecido?"
Ana preguntó a su marido si ....
d) "No debimos dejarlo solo"
Carlos se arrepintió de ....
e) "Será mejor que miremos por la playa"
David pensó que ....
f) "Mañana continuaremos la búsqueda"
Carlos decidió que ....

2. ¿Qué le ha podido pasar a Francisco? Da tu versión de los hechos.

....
....
....

LOS PRIMEROS MESES

---

1. Completa el diálogo entre Carlos y su colaborador David.

C: Creo que Ana no se encuentra bien.
D: ....
C: Sí, estoy preocupado.
D: ....
C: Pero ahora no es posible. No tenemos avioneta.
D: ....
C: Sería imposible intentar llegar con la barca.
D: ....
C: Tienes razón. Es mejor que descanse.
D: ....
C: No, no vendrá con nosotros. Se quedará en la cabaña.
D: ....

2. Rellena los huecos con los verbos *ser* o *estar*, según corresponda.

a) Nosotros no .... preparados para luchar contra la naturaleza.

b) Carlos decidió que la playa no .... un lugar seguro.

c) No me encuentro bien. .... cansada.

d) Creo que .... mejor que empecemos cuanto antes.

e) De repente, se dieron cuenta de que habían .... navegando en círculo.

f) Nosotros .... unos prestigiosos científicos algún día.

g) ¿Tú .... loca? No puedes trabajar si .... enferma.

h) David .... un montañero experto.

LAS LLUVIAS

---

1. Busca en la sopa de letras 4 palabras relacionadas con el texto.

```
M  H  I  O  L  E  B
L  O  S  E  W  N  A
G  L  O  S  A  R  G
B  N  U  I  L  H  U
E  F  G  V  S  J  A
U  M  D  R  I  A  L
T  I  E  R  R  A  G
```

2. Pon los verbos entre paréntesis en la forma correcta.

a) Ante la lluvia, tuvimos que .... (refugiarse) en la cabaña.

b) Debemos ser más prudentes, pues el agua ....(producir) movimientos de tierra.

c) No .... (preocuparse). He preparado todo para que el agua no quede estancada.

d) Hasta ahora no .... (obtener) resultados en nuestro trabajo.

e) ¿Por qué no .... (existir) seres humanos en la isla?

f) Estoy seguro de que nosotros .... (demostrar) mi teoría.

EL DESCUBRIMIENTO

1. Busca en el texto sinónimos para las siguientes palabras.

a) Mojado = ...

b) Piedra = ...

c) Sacerdote = ...

d) Canción = ...

2. Responde a las siguientes preguntas.

a) ¿Cómo descubre Carlos que se trata del lugar que estaban buscando?

....

b) ¿Crees que los nativos que encuentran dentro de

la cueva han conocido antes a otro hombre blanco?

....

c) ¿Por qué creen que se trata de una ceremonia funeraria?

....

e) ¿Por qué Ana no está allí?

....

f) ¿Con qué iba vestidos los nativos?

....

g) ¿Qué significa para los nativos el rayo de luz que se cuela por una grieta?

....

EL RESCATE

1. Señala los errores en el siguiente texto y escríbelo de nuevo correctamente.

Carlos no habia esperado encontrarse con eso. Éra lo que siempre se había buscado. Aquello confirmaba la teoría que decía que había existido un ser humano en aquellas tieras hacía miles años. Ahora estaba seguro que volver a la cibilización con esa información significaba un éxito.

....
....
....
....
....
....

2. Haz frases correctas utilizando las siguientes palabras.

a) caníbal / cueva / fuego / ir

....

b) rubio / piel / asombro / valor

....

c) choza / atrás / rescatar / ellos

....

d) dormir / mano / silencio /rápido

....

EL DIARIO

1. Rellena los huecos utilizando la conjunción apropiada.

> y • o • pero • no obstante • sin embargo • sino

Carlos y los demás iban dispuestos a rescatarlos, ... no esperaban encontrarlos durmiendo. Entraron en la choza .... despertaron a Francisco, ... Marcos no quería irse de allí sin su compañera. .... ni siquiera la despertaron. Marcos debía elegir. Era salir de allí con vida .... quedarse para siempre entre los indígenas. Y no era Carlos quien debía tomar esa decisión, ... el propio Marcos.

2. Escribe el siguiente texto en pasado:

"El diario de este científico inglés está algo estropeado, pero nos servirá para aclarar muchos puntos oscuros de nuestras investigaciones. El señor Willington descubre la cueva cuando llega a la isla, pero los indígenas le confunden con un dios y no le permiten abandonarlos nunca más. Él vive en la isla sin poder hacer llegar a la civilización el resultado de sus investigaciones."

ACLARACIONES

1. Elige la opción correcta entre las que aparecen entre paréntesis.

a) Ha quedado demostrado que hubo habitantes .... (en/a/que) la tierra hace muchos años.

b) Mientras caminaban, sentían .... (a/del/que) el agua se les calaba hasta los huesos.

c) Francisco estaba desesperado .... (de/por/desde) el constante caer del agua sobre su cabeza.

d) Los nativos parecían participar .... (en/para/a) la ceremonia sin ningún miedo.

e) Raúl les confirmó que podían sobrevivir .... (con/al/en) esas condiciones igual que ellos.

2. Escribe la primera hoja del diario de Thomas Willington.

....
....
....
....

EL VIAJE

1. Escribe el mensaje de socorro que envían Marcos y David a la guardia costera.

....
....
....
....

2. Acaba las siguientes frases.

a) No me iré de aquí sin ....

b) Si quieres quedarte tendrás ....

c) ¡Hemos podido ....!

d) Francisco sentía que ....

e) Carlos prometió a su mujer que ....

f) ¿Han retirado ....?

RESULTADOS

1. Rellena los huecos según las definiciones para descubrir la palabra oculta.

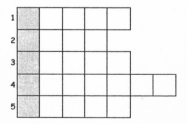

1) Donde acaba la historia
2) Relativo a los huesos

3) Lo contrario de enfermedad
4) Habitantes de una isla
5) Alcohol para beber

MARCOS COSTA

---

1. Rellena los huecos con una palabra apropiada.

a) Su casa es la más .... de la ....
b) Tenemos el coche más ....
   de ....
c) Siempre serás el amigo más ....
   de ....
d) Nuestros nietos son los más ....
   de ....
e) Cuando lleguemos, haremos la fiesta más
   .... de ....
f) Aquellos años fueron los más ....
   de ....
g) Aunque no lo creas, ha sido el viaje más
   .... de ....

2. Elige la opción más adecuada entre los verbos entre paréntesis.

a) Marcos siempre .... (se sentaba / se sentó)
   con sus amigos alrededor del fuego.
b) Cuando tenía catorce años .... (me marché
   / me marchaba) de casa.
c) Desde la ventana de mi casa .... (veía / ví)
   a los niños jugar todas las tardes.
d) Ana asombró a todos cuando ....
   (cantó / cantaba) aquella canción.

73

EL REGRESO

1. Indica el verbo de acción apropiado para cada uno de los siguientes sujetos.
Ej: El sol brilla.

a) Los pájaros ....
b) La lluvia ....
c) El motor ....
d) La vida ....
e) La alegría ....
f) El fuego ....
g) El río ....
h) La luz ....

LA ENFERMEDAD

1. Rellena las frases con el pronombre interrogativo apropiado.

a) Ana estaba muy enferma. ¿......................? Ana.
b) ¿Por .... no viniste a verme? Porque estaba ocupado.
c) ¿..................... ha llamado a la puerta? Tu madre.
d) Tengo dos barcas. ¿Por .... te decides? No lo sé. Las dos son estupendas.
e) ¿........................ has llegado hasta la isla? En avión.
f) ¿......................... están los demás? No lo sé. Han desaparecido.

2. Completa las frases utilizando las palabras indicadas.

> nada • ningún • todos • nadie • algún

a) No existe ....
b) No se lo diré a ....
c) Siempre habrá ....
d) No tengo ....
e) Ha sido genial. Nos han ayudado ....

EL FINAL

1. Responde a las siguientes preguntas sobre el texto.

a) ¿Quién convence a Marcos para que se quede en la isla?
....

b) ¿Le gusta a Ana la isla?
....

c) ¿Qué ha conseguido Carlos en este viaje?
....

d) ¿Para qué trajo Carlos al médico?
....

e) ¿Y para qué ha servido?
....

f) ¿Qué enfermedad tenían los indígenas?
....

g) ¿Quedará Marcos totalmente aislado de la civilización?
....

h) ¿Cómo es Arala?
....

i) ¿Por qué los indígenas permiten a Carlos y al médico entrar en su poblado?

....

j) ¿Se queda Francisco en la isla?

....

2. Dí qué es lo primero que hacen cada uno de los personajes al regresar a la civilización.

Carlos: ....

Ana: ....

Francisco: ....

David: ....

Raúl: ....

INTERPRETACIÓN GENERAL DEL TEXTO

1. ¿Consideras plausible la tesis de Carlos sobre la existencia del "homo antecesor"?. Explica las razones que te inducen a aceptarla.

2. Imagina y descibre las distintas etapas de acercamiento del Dr. Thomas Willington a los nativos que habitaban la isla.

3. Enumera por orden de importancia todo lo que creas que, con el tiempo, puede echar de menos Marcos Costa del mundo occidental, a pesar de su integración a la tribu de la isla gracias a Arala.

Indice